奶奶没[illegible]系的

[illegible]章子◎著
〔日〕石井勉◎绘
肖 潇◎译

北京科学技术出版社

放学回到家，我总是先去奶奶的房间。

我会告诉奶奶自己没能翻上单杠或者学习中遇到了难题。

每当这时，奶奶总会“嗯，嗯”地耐心听我讲完，

然后对我说：“没关系的，小翼。”

被妈妈批评了之后，
我也会跑到奶奶的房间去。
每次，奶奶都会摸着我的头，
轻轻地对我说“没关系的”，
直到爱哭的我停止哭泣。
我最喜欢奶奶了。

事情是从给小狗喂食开始的。

“奶奶每天要喂小狗好多次。”

妈妈觉得有些不可思议。

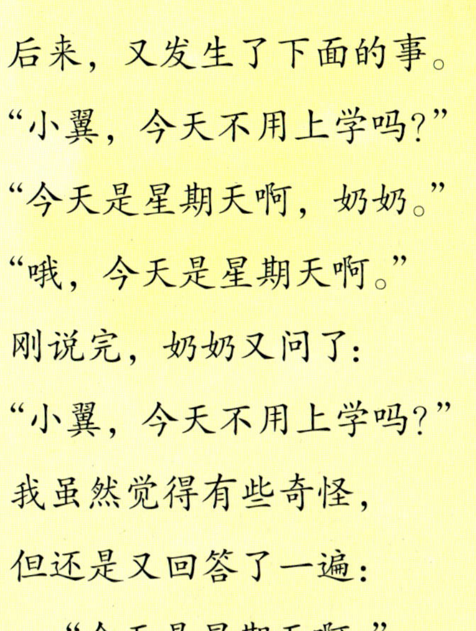

后来，又发生了下面的事。

“小翼，今天不用上学吗？”

“今天是星期天啊，奶奶。”

“哦，今天是星期天啊。”

刚说完，奶奶又问了：

“小翼，今天不用上学吗？”

我虽然觉得有些奇怪，

但还是又回答了一遍：

“今天是星期天啊。”

“哦，原来今天是星期天啊。”

奶奶就像第一次听到一样。

每年，到了秋天，奶奶都会织毛衣。

冬天到来之前，奶奶会给爸爸织好毛衣，

给妈妈织好围巾，给我织好帽子。

可是今年，

奶奶织毛衣的速度却变得很慢很慢。

她总是织了拆，拆了又织。

织着织着，想一想，又拆了。

“想不起来了呢。”奶奶嘟囔着。

“唉，好多事情都想不起来了……”

奶奶叹了一口气。

我知道奶奶为什么很多事情都想不起来了。
奶奶得了一种会让人健忘的病，
这是爸爸妈妈告诉我的。

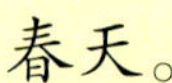

春天。

奶奶把草莓酱吃光了——

满满一大瓶草莓酱。

那是妈妈亲手做的草莓酱，

特别特别好吃。

我和爸爸都舍不得多吃，

每次只尝一点点。

“奶奶你太过分了！”

看我这么生气，奶奶一脸疑惑。

我知道奶奶不是故意的，但还是忍不住生气。

夏天。

隔壁的叔叔怒气冲冲地来到我家。

“你们来我家看看!”

我和妈妈跟着叔叔来到他家的院子里。

院子里的花被折得七零八落。

土也被翻得到处都是。

“这莫非是我们家奶奶干的?”

“是的!”

“对……对不起!”

妈妈连忙道歉。

回到家，

我偷偷向屋子里望去，

里面到处散落着花和土。

奶奶坐在角落里，

手和脸都脏兮兮的。

“奶奶真是喜欢花啊。”

妈妈用湿毛巾仔细地

帮奶奶把手和脸擦干净。

我站在一旁，

默默地看着这一切。

秋天。

奶奶把柜子的抽屉一个个抽出来。

我问奶奶：

“您在找什么东西吗？”

“年糕片。”

奶奶回答。

我觉得年糕片不会在抽屉里。

抽屉里放的都是衬衫、袜子之类的衣物。

“是不是放在那边了？”

我指着壁橱问奶奶。

“有可能吧。”

奶奶一边回答，一边继续把抽屉拉得咯吱响。

“找到了！找到了！”

奶奶从抽屉里拿出了一袋橡子。

“来，快吃吧。”

奶奶把橡子放进了桌上的烟灰缸里。

“我给你沏杯茶。”

奶奶往茶壶里倒了些热水，然后给我倒了一杯茶。

我看了一眼茶杯，大吃一惊。

我打开茶壶盖，发现里面放的不是茶叶，而是一些枯叶。

“快喝吧。”

奶奶把用枯叶泡的茶端到我面前。

“我才不要喝呢！”

我赶紧跑出奶奶的房间。

虽然妈妈叮嘱我要多和奶奶在一起，

可是秋天快结束的时候，我已经不再去奶奶的房间了。

我一回到家，就钻到自己的房间里。

院子里的小水洼结冰了。

这一天，奶奶不见了。

妈妈很着急，

连外套都没穿就冲出了家门。

外面很冷。

我留在家里等奶奶，心里想着或许过一会儿奶奶就回来了。

家里静悄悄的，我觉得有点儿害怕，就打开了电视。

电视里的人都在笑，

我又把电视关上了。

明天9点

我来到奶奶的房间，

打开彩色铅笔盒，里面有奶奶的味道。

桌上放着一支铅笔，

我想把它收起来，于是打开了柜子的抽屉，

抽屉里塞满了白色的小纸条。

冈五丁目
1番15号

晚上7点
已经吃过
晚饭了

光家在
丁目的[illegible]

厕所在
2楼最里面

光太郎，
对不起

小翼喜欢
吃年糕片
和[illegible]

家人有
光太郎、
早苗和小翼

明天9点
去医院

爷爷是
2008年
去世的

小翼是个
好孩子

早苗，总是
给你添麻烦，
实在很抱歉

三木花惠
77岁

日间护理的
人10点到

原来，奶奶害怕自己忘记重要的事，
把它们都写在了小纸条上。

——总是给你添麻烦，实在很抱歉。
——小翼是个好孩子。
——对不起。

奶奶在不停地道歉。
我根本就不是什么好孩子。

我深深地吸了一口气，关上了抽屉。

“我回来了。”

妈妈和警察一起回来了。

他们似乎还没找到奶奶。

天已经黑了，外面下起了雪。

爸爸急匆匆地回到家，马上又出去了。

奶奶的鞋整齐地摆在门口。

这么冷的天，

她是光着脚出去的吗？

奶奶不在家的夜晚，

我的脚一直冰凉，睡不着。

麻雀开始叫了。

天亮了，

奶奶和隔壁的叔叔一起回来了。

“我遛狗的时候，

发现老人家在前面摇摇晃晃地走着，

我以为她在散步，

后来突然发现她光着脚。”

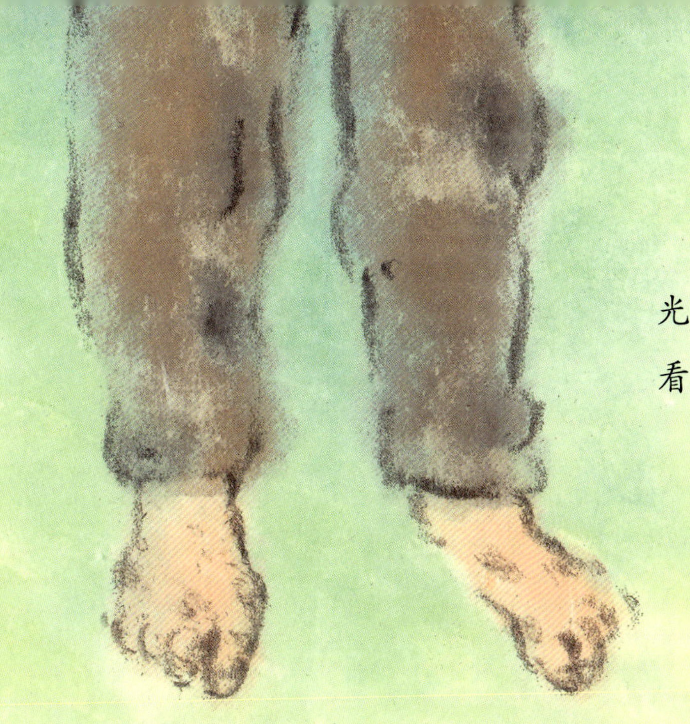

光着脚站在门口的奶奶，
看上去很无助。

我以为叔叔还在生气，
可是他却温柔地说：
“快给奶奶擦擦脚。”

奶奶是因为找不到家，

所以在黑漆漆的街上徘徊了一整夜吗？

她一定很冷吧？

一定很害怕吧？

一定很孤单吧？

“对不起!”

我给奶奶冰凉的脚穿上了袜子。

这时，奶奶忽然摸着我的头说：

“没关系的。”